DE LA
CONDITION DU MINEUR

DEVANT LA LOI PÉNALE

DANS LES LÉGISLATIONS ANCIENNES

PAR

Jean OLIER

CHARGÉ DU COURS DE DROIT CRIMINEL A L'ÉCOLE DE DROIT D'ALGER

PARIS

ANCIENNE LIBRAIRIE THORIN ET FILS

ALBERT FONTEMOING, Editeur

Libraire des Écoles françaises d'Athènes et de Rome,
du Collège de France, de l'École Normale Supérieure
et de la Société des Etudes historiques

4, RUE LE GOFF, 4

—

1897

DE LA
CONDITION DU MINEUR

DEVANT LA LOI PÉNALE

DANS LES LÉGISLATIONS ANCIENNES

PAR

Jean OLIER

CHARGÉ DU COURS DE DROIT CRIMINEL A L'ÉCOLE DE DROIT D'ALGER

PARIS

ANCIENNE LIBRAIRIE THORIN ET FILS

ALBERT FONTEMOING, Editeur

Libraire des Écoles françaises d'Athènes et de Rome,
du Collège de France, de l'École Normale Supérieure
et de la Société des Etudes historiques

4, RUE LE GOFF, 4

—

1897

Extrait de la *Revue générale du droit.*

TOULOUSE. — IMPRIMERIE A. CHAUVIN ET FILS, RUE DES SALENQUES, 28.

DE LA

CONDITION DU MINEUR DEVANT LA LOI PÉNALE

DANS

LES LÉGISLATIONS ANCIENNES (1)

Plus un Code est ancien, écrit Sumner-Maine, plus les dispositions pénales y sont étendues et minutieuses. Néanmoins, les anciennes législations ne fournissent que très peu de renseignements relativement à la condition du mineur devant la loi pénale.

C'est ainsi que les lois de Manou (2), de la Chine, de l'Egypte et de la Judée (3) sont à peu près muettes à cet égard. Le droit pénal athénien n'est guère plus explicite (4).

§ I.

Le droit criminel de Rome étant assez mal connu, existe-t-il aussi une certaine difficulté à préciser exactement la condition du mineur devant la loi pénale. — Nous l'envisagerons dans les quatre périodes suivantes : 1º droit antérieur à la loi des XII Tables ; 2º droit de la loi des XII Tables ; 3º droit classique et du Bas-Empire ; 4º droit de Justinien.

Première période. — La cité n'intervient pas pour punir le

(1) Le travail que nous publions aujourd'hui a fait l'objet d'une récompense de la Faculté de droit de Toulouse (Concours de doctorat, 1894).

(2) Ces lois paraissent punir moins sévèrement l'enfant que l'adulte.

(3) Deutéronome, ch. XXI, v. 18-23; Rois, liv. IV, ch. II, v. 23-24. — F. Josèphe, *Œuvres*, édit. Didot, 1845, p. 141.

(4) Elien, *Variæ Historiæ*, liv. V, ch. VI; Quintilien, *Institut. Orat.*, liv. V, ch. IX; Eschine contre Timarque, *passim*; Xénophon, *De Cyr. exped.*, liv. IV, ch. VIII.

délinquant qui ne doit réparation qu'à l'offensé ; c'est la consécration du droit de vengeance privée également applicable aux objets inanimés et aux enfants qui leur sont assimilés.

La victime du délit commis par l'impubère est-elle étrangère à la *familia*, le *paterfamilias* fera l'abandon noxal de l'enfant à sa victime, libre ainsi d'assouvir son ressentiment, à moins que, par intérêt, il ne préfère désintéresser l'offensé.

La victime est-elle de la même *familia*, l'enfant sera puni par le chef de famille à qui sont d'ailleurs dévolus les pouvoirs les plus étendus.

DEUXIÈME PÉRIODE. — L'Etat fortifié intervient pour réprimer certaines infractions ; néanmoins ne disparaît, ni la notion de la vengeance privée, ni le principe des actions noxales. Le délinquant (1) encourt, dans ces cas, une double responsabilité : vis-à-vis de l'Etat, vis-à-vis de la victime : distinction déjà nette dans la loi des XII Tables qui punit le *fur manifestus* de la flagellation (responsabilité envers l'Etat), et de l'*addictio* (responsabilité envers la victime) (2).

I. — *Responsabilité envers la victime.* — Elle doit exister, en tout cas, que l'enfant ait agi ou non en connaissance de cause ; la loi romaine s'est placée au seul point de vue de l'offensé qui doit toujours être indemnisé. Seulement, cette dette d'indemnité est, suivant les cas, — à la charge du *paterfamilias* (impubère *alieni juris*) qui devra désintéresser la victime ou faire l'abandon noxal — à la charge de l'impubère, s'il est *sui juris*, la responsabilité du tuteur n'étant jamais engagée. A un autre point de vue, le délinquant doit tantôt le simple du dommage causé, tantôt le double (3).

II. — *Responsabilité envers l'Etat.* — La responsabilité récente vis-à-vis de la cité est certainement édictée dans trois cas (4) : 1. quand l'impubère a commis un *furtum manifestum*. Il sera alors flagellé ; 2. et 3. quand il a nuitamment fait paître

---

(1) Nous entendons par là, le mineur, l'impubère.

(2) Le passage est rapporté par Aulu-Gelle, *Nuits attiques*, liv. II, ch. XVIII, n° 8. — Girard, *Textes*, 2ᵉ édit., p. 17.

(3) Passage de la loi des XII Tables rapporté par Pline, *Hist. Nat.*, liv. XVIII, ch. III, n° 12 ; Girard, *op. cit.*, p. 17. — Cf. Cuq, *Les Institutions juridiques des Romains*, p. 351, note 4.

(4) Voyez les passages précités de Pline et d'Aulu-Gelle.

son troupeau dans le champ d'autrui ou coupé la récolte d'autrui. Même peine.

On peut ainsi dégager les règles suivantes : *a*) division de la vie humaine quant à l'imputabilité en deux périodes : avant la puberté, après la puberté. Atténuation de peine à raison de l'impuberté : tandis que les impubères ne sont que flagellés, les pubères, pour les mêmes délits, sont punis de mort (1) ; *b*) pouvoir discrétionnaire du magistrat (2), originairement pour la fixation et l'exécution de la peine, plus tard pour la détermination des infractions punissables.

TROISIÈME PÉRIODE. — La jurisprudence romaine a pris, en ce qui touche les délits, une face nouvelle : la notion moderne de l'infraction s'est peu à peu dégagée. L'élément matériel, le préjudice causé, ne constitue plus à lui seul le délit ; il faut encore l'élément intentionnel, le *dolus malus*, ou tout au moins la *culpa*.

Aussi « les actions nées d'un délit ne sauraient être inten- » tées contre les personnes auxquelles les actes qu'elles peu- » vent faire matériellement ne sont point imputables. » Sont, en conséquence, irresponsables pénalement comme *non doli capaces* :

1° Les *infantes* (3). — Ni les procédures criminelles proprement dites, ni les actions privées destinées à l'exécution des obligations délictuelles, nées de délits civils ou prétoriens : *actio legis Corneliæ de sicariis et veneficiis, legis Corneliæ de falsis, de sepulchro violato, legis Aquiliæ, injuriarum, furti,*

---

(1) Ibid.

(2) Arg. des mots *prætoris* [(magistrat, roi, pontife ou consul); la préture a été créée en 387 ab u. c. = 367 av. J.-C., et la loi des XII Tables est de 304-305 ab u. c. = 450-449 av. J.-C;] *arbitratu*, qui se retrouvent dans Pline et Aulu-Gelle.

(3) La notion de l'*infantia* pendant cette période est contestée. Girard, *Manuel de droit romain*, 1896-7, p. 192, n. 3. — Sur la preuve de l'âge en général, G. Jèze, *Les registres de naissance à Rome (Revue générale de droit, de lég. et de jur.*, XVIII, 1894, pp. 416-436). — La solution donnée au texte ne ressort d'aucun texte (Cep. D., 48. 8 ; 12); bien plus, certains semblent la restreindre singulièrement (D., 50. 17 ; 108. C., 9. 47 ; 1); enfin, deux constitutions impériales la contredisent formellement (C., 2. 34 (35) ; 1 *Licet.* — C., 2. 34 (35) ; 2). Mais toutes les conséquences du principe étant certaines, on ne saurait mettre en doute le principe même.

vi bonorum raptorum, *de dolo malo* (1), etc., ne seront données contre eux.

2° Les *proximi infantiæ* (2). — Julien (3), s'il faut en croire Ulpien (4), décida le premier que le *proximus infantiæ* serait assimilé à l'*infans*. En tout cas, cette doctrine est récente au moment où Gaius écrivait ses Commentaires (5).

Dès que l'enfant s'approche de la puberté commence sa responsabilité pénale, et peuvent conséquemment être données contre lui les actions pénales ou mixtes, telles, par exemple, que l'*a. de dolo malo*, etc.

Néanmoins, la capacité n'est entière qu'après la puberté. Pomponius estime que la peine capitale doit être réservée aux pubères (6). Une constitution impériale de 324 après Jésus-Christ, recommande les impubères aux juges comme dignes d'une indulgence toute particulière, et ne les punit point s'ils ne dénoncent pas de faux monnayeurs *quia ætas eorum quid videat ignorat* (7). Dans le livre troisième de ses *Disputationes*, Tryphonninus va encore plus loin : *In delictis... minor viginti quinque annis non meretur in integrum restitutionem, utique atrocioribus, nisi quatenus interdum miseratio ætatis ad mediocrem pœnam judicem produxerit* (8).

---

(1) D., 48. 8 ; 12 cbn. C., 9. 16 ; 6. — Arg. a *fort.*, D., 48. 10 ; 22 *pr.* — Arg. D., 47. 12 ; 3, 1. — D., 9. 2 ; 5, 2, et D., 47. 2 ; 23. — Arg. a *fort.*, D., 47. 10 ; 3, 1. — Arg. D., 47. 2 ; 23. — Arg. D., 47. 8 ; 2, 19. — D., 3. 2 ; 1, et D., 4. 3 ; 13, 1.

(2) C'est l'enfant qui n'est guère, en fait, plus développé intellectuellement qu'un *infans*.

(3) Il vécut sous Hadrien ; un rescrit de Marc-Aurèle et de Verus le suppose mort. D., 30. 7 ; 17 *pr.* — Cf. Krueger-Brissaud, *Histoire des sources du droit romain*, 1894, p. 222 et suiv.

(4) *Julianus sæpissime scripsit doli pupillos qui prope pubertatem sunt capaces esse.* D., 47. 2 ; 23.

(5) *Nam et infans et qui infanti proximus est non multum a furioso differt, quia hujus ætatis pupilli nullum intellectum habet : sed in pupillis propter utilitatem benignior juris interpretatio fit* (3. 109). Gaius, né au plus tard sous Hadrien, écrivait peut-être sous Commode. Krueger-Brissaud, *op. cit.*, pp. 243 et suiv.

(6) D., 21. 1 ; 23, 2. On a cité, en sens contraire, un texte de Mæcianus, qui vise une hypothèse toute particulière à un esclave impubère. D., 29. 5 ; 14.

(7) C., 9. 23 ; 1, 6.

(8) D., 4. 4 ; 37, 1. Ce texte a été écrit sous le règne de Caracalla ou de Géta. Krueger-Brissaud, *op. cit.*, p. 269.

Quatrième période. — Le droit de Justinien n'est que la reproduction du droit du Bas-Empire (1).

§ II.

La législation de l'ancienne France (2) comprend trois périodes : des origines au quatorzième siècle ; du quinzième siècle à la Révolution ; de la Révolution à 1810.

Première période. — *Des origines au quatorzième siècle.* — Nous n'avons aucun renseignement précis sur le droit gaulois et gallo-romain. Le droit barbare fournit, au contraire, un document intéressant. La loi salique décharge le délinquant mineur de douze ans du payement du *fredum ;* la famille qui l'a mal surveillé est tenue de la *faida* (3).

Le droit pénal des époques carlovingienne et féodale, quoique assez bien connu, est muet.

Les Assises de Jérusalem, que l'on peut considérer comme donnant une physionomie très exacte du droit des onzième et douzième siècles, fixent la majorité pénale à quinze ans (4) ; en matière de blasphème, une ordonnance de 1268 l'avance de cinq années (5).

Dans son ensemble, la condition du mineur devant la loi pénale est, à la fin du treizième et au quatorzième siècle, assez difficile à préciser, à raison du peu de netteté des textes (6) et des doctrines des interprètes (7).

Deuxième période. — *Du quinzième siècle à la Révolution.* —

---

(1) Cpr. I. 4. 1 ; 18 et Gaius, 3, 208. Depuis une constitution de 407, l'*infans* est l'enfant mineur de sept ans. C. Th. 8. 18 ; 8.

(2) Droit canonique : Sources : Décret Grégoire IX, liv. 5, tit. 23, *de delictis puerorum*, édit. Friedberg, t. II, pp. 824-5. Commentaires : Conciolus, *Resolutiones criminales*, 1781, v° *Minor* ; Guazzini, *Opera*, 1738, t. I, defens. 33, chap. 17, pp. 467-8.

(3) Edit. Walter, t. I, p. 40 ; édit. Pardessus, pp. 13 et 292. — Adde, *Lex Allamanorum*, liv. 1, tit. 43 ; Pertz, *Monumenta .. Leges*, t. III, p. 60.

(4) Edit. Beugnot, t. II, p. 205. — Dans le droit germanique, la majorité pénale était fixée à douze ans (Sachsenspiel 1220 ?).

(5) Isambert, t. I, p. 342-3.

(6) *Anciennes Coutumes du Maine et d'Anjou*, édit. Beautemps-Beaupré, 1878, t. II, p. 115, n° 253.

(7) P. de Fontaine, chap. XIV, n°ˢ 20-21 ; édit. Marnier, pp. 99-100 ; Beaumanoir, édit. Beugnot, t. I, pp. 162, 267-8. Bouteiller, *Somme rural*, liv. II, tit. xl ; édit. Le Caron, p. 870 ; édit. de 1621, p. 1493.

Les règles féodales et coutumières furent, au quatorzième siècle, remplacées par le droit de Justinien. Conséquemment, la
vie humaine comprend d'abord l'enfance jusqu'à sept ans, puis
la puberté dès douze ou quatorze ans, enfin la majorité pleine
à vingt-cinq ans. D'ailleurs, la théorie romaine sur la responsabilité des mineurs est admise dans son intégralité (1).

I. — Au seizième siècle, Julius Clarus indique en ces termes
les conditions de l'imputabilité. *Primum quod ipse (impubes)
doli capax, secundum quod si proximus pubertati, tertium quod
deliquerit in committendo* (2).

a) L'*infans* et le *proximus infantiæ* (3) sont irresponsables
comme *non doli capaces. Non habent animum intellectum nec
judicium rationis*, se contente de dire Gomesius (4); Tiraqueau (5), au contraire, développe cette idée avec des argu-
ments souvent curieux (6). Une exception à la règle : les crimes
atroces sont réprimés sans distinction d'âge, en vertu du bro-
card : *malitia supplet ætatem*, emprunté peut-être au droit canonique. Les anciens criminalistes se plaignent d'ailleurs
vivement de la malice des enfants de leur siècle (7).

Le *proximus pubertati* est responsable, mais ne sera condamné qu'à des peines mitigées (8).

Enfin, les mineurs de vingt-cinq ans étaient punis moins
sévèrement que les majeurs *in delictis levibus, gravibus et atro-
cibus*, mais non *in atrocissimis* (9).

(1) Conciolus, *Resolut. crimin.*, vº *Minor*, p. 339; Gomesius, *Opera...*, édit.
1571, *de delictis*, pp. 451 et suiv.

(2) *Opera omnia*, édit. 1672, quest. 90, pp. 652-3.

(3) Matthæus, *De criminibus*, édit. 1679, p. 20.

(4) *Op. cit.*, p. 453.

(5) *De pœnis temperend. aut remittend...*, cause 7, nº 5.

(6) Arrêt du Parl. de Paris de 1565, rapp. Legrand s. Troyes, art. 168, édit.
1737, art. 168, p. 295; 24 janv. 1573 dans Choppin, *Des privilèges des rustiques*,
liv. III, art. 3, chap. II, nº 4.

(7) *Hodie infantes sexto ætatis suæ callidiores sunt et mali capaciores quam
olim fuerant anno quindecimo...* « Nous trouvons que les enfants de notre
temps sont plus vils et beaucoup pires que n'étaient les enfants du temps
passé » (Damhouder)... Farinacius regrette les mauvaises mœurs des enfants
qui, à peine pubères, *carnaliter mulieres cognoscunt.*

(8) Damhouder, *Manuel des causes criminelles*, édit. 1564, p. 163. — A quelle
époque est-on pubère? Gomesius, *op. cit.*, p. 454.

(9) J. Clarus, *op. cit.*, p. 653; Tiraqueau, *op. cit.*, cause 7; Farinacius, *op. cit.*,
quæst. 92, nᵒˢ 41 et 172; Conciolus, *op. cit.*, vº *Minor*, p. 338; Guazzini,
defens. 33, chap. 17, p. 488; Matthæus, *op. cit.*, pp. 20-21.

b) Avant de punir un mineur, le juge doit, avec le plus grand soin, rechercher s'il est *doli capax*. Matthæus (1) blâme un juge, qui, pour apprécier le discernement d'un enfant qui avait tué un de ses camarades de jeu, lui avait présenté une pomme et une pièce de monnaie, et avait condamné l'enfant qui avait choisi la pièce de monnaie.

c) La responsabilité admise, les docteurs s'entendaient pour décider que les délits *in omittendo* et *negligendo* n'étaient pas imputables aux mineurs. Cette distinction *ab omnibus apparatam* (2), que l'on essayait de rattacher au droit romain (3), était peu pratique, les infractions par omission étant fort rares (4) ; elle disparaîtra bientôt (5).

Indépendamment de la théorie de l'imputabilité la mieux creusée, les criminalistes s'étaient préoccupés d'autres problèmes : modes de preuve de l'âge (6), influence de la récidive (7), enfin et surtout des peines à appliquer.

Les docteurs s'entendaient à proscrire enfin et la peine de mort (8) et les mutilations (9). Conformément aux principes généraux du droit criminel de l'époque, les peines étaient laissées à l'arbitraire du juge (10). Mais on discutait vivement la

---

(1) *Op. cit.*, pp. 20-21.

(2) Jul. Clarus, *op. cit.*, p. 652: Matthæus, *op. cit.*, p. 21.

(3) Argument D., 48, 5; 37 (36), *Si minor*.

(4) Gomesius, *op. cit.*, n° 59, cite quelques hypothèses justement critiquées par Matthæus, *op. cit.*, pp. 21-22.

(5) Voyez, pour le délit d'adultère : Clarus, liv. 5, § final, v° *Adulterium*, p. 5, 2ᵉ col. ; Matthæus, *op. cit.*, pp. 22-3; pour l'onanisme, Clarus, *op. cit.*, p. 653; la bestialité, Gomesius, *op. cit.*, p. 455, qui raconte avoir défendu avec succès un enfant de onze ans *qui habuit accessum contra canem et emisit semen*, et les critiques vives de Matthæus contre la conduite et la doctrine de Gomesius, *op. cit.*, p. 22.

(6) Modes normaux : témoignages *per obstetrices et testes, aspectus corporis, liber patris*.

(7) Vives controverses : Jul. Clarus, *op. cit.*, p. 252; Guazzini, *op. cit.*, defens. 33, chap. 17, pp. 488-9.

(8) Conciolus, *op. cit.*, v° *Minor*; Farinacius, *op. cit.*, quæst. 91, n° 107; Papon, *Recueil d'arrêts notables*, liv. 24, tit. 10, n° 4, citent des arrêts condamnant à mort des enfants de moins de douze ans.

(9) Choppin, *op. cit.*, liv. 3, part. 3, n° 3.

(10) Jean Duret écrit « que les jeunes gens à la fleur de l'âge doivent être plus rigoureusement chastiez que les vieillards descrepitez ayans déjia un pied sur le bord de la fosse ou les petits enfants qui n'ont jugement asseuré. » *Traicté des peines et amendes*, 1610, pp. 4-5.

question de savoir si les mineurs de quatorze ans pouvaient être torturés (1). On s'accordait à l'inverse pour décider qu'en aucun cas les parents n'étaient civilement responsables (2).

Telle est, exposée dans ses grandes lignes, la condition juridique du mineur devant la loi pénale au quatorzième siècle. Nous n'avons enregistré aucun progrès sensible dans l'évolution du droit ; c'est en somme la théorie romaine un peu amplifiée.

II. — Au dix-septième et au dix-huitième siècle, les vieilles règles romaines sont encore en vigueur, mais ont été cependant précisées :

1° Impunité absolue des *infantes* au double point de vue pénal (3) et civil (4). En conséquence, tous les décrets de prise de corps étaient infirmés (5), et défense était faite aux juges de faire « procez aux enfants à peine répondre en leur propre et privé nom (6) : » le châtiment était renvoyé au père (7). En

(1) L'affirmative était généralement admise. Farinacius, *op. cit.*, quæst. 41, n° 21. — Gomesius, *op. cit.*, n° 67, p. 458; n° 3, p. 567, admet la négative. — Quelques-uns admettent la possibilité de tortures, sauf quelques restrictions. Jul. Clarus, *op. cit.*, p. 252.

(2) Arrêt Parl. de Paris, 14 févr. 1579, dans Choppin, *op. cit.*, 3ᵉ part., liv. 3, chap. 2, n° 5. — Voy. cependant l'art. 615 de la *Cout. de Bretagne* (1539), et 656 (1575). D'Argentré, *Sur la Coutume de Bretagne*, 1621, pp. 2095-8.

(3) Boerius, *Decisiones Burdegalenses*, 1626, décis. 254, pp. 495-6; Denisart, *Collect. de décis. nouv.*, v° *Impubère*; Dantoine, *Les règles du droit civil*, 1725, pp. 329 et 340; Ferrière, *Dict. de pratique*, vᵗˢ *Impubère et Délit*; Lange, *Le nouveau pratique civ. et crim.*, 1731, 2ᵉ part., pp. 84-5 ; Papon, *Rec.*, liv. 24, tit. 10, 1607, p. 1336. — Arrêts du Parl. de Bretagne, 23 oct. 1612, Frain et Hévin, t. I, arrêt 31, p. 131; de Bourgogne, 12 mars 1616, Bouvot, t. II, v° *Criminel*, quæst. 10, 1628, p. 189; de Paris, 9 juin 1625, Bardet, édit. Roberty, t. I, liv. 2, chap. 46, p. 143 ; id., 19 mars 1629, id., t. I, liv. 3, chap. 34, p. 249 ; id., 4 juill. 1633, id., t. II, liv. 2, chap. 48, p. 134; id., avril 1644, Legrand sur Troyes, art. 168, p. 295 ; id., 17 déc. 1647 et 24 janv. 1651, Soefve, t. I, centurie 3, chap. 58, 1732, p. 285.

(4) Arrêt Parl. de Paris, 19 mars 1629, Bardet, édit. Roberty, t. I, liv. 3, chap. 34, p. 249. — Secus : Arrêt Parl. de Paris, 18 mai 1675, *Journal du palais de Blondeau et Guéret*, 1755, t. I, p. 667.

(5) Denisart, *Collect. nouvelle*, 1771, v° *Impubère*; Rousseaud de la Combe, *Matière criminelle*, 1747, p. 77. — Arrêts du Parl. de Paris, 3 juillet 1604, Pelcus, *Act. illustres*, quæst. 16; 27 nov. 1604, et 5 juill. 1606, Denisart, *op. cit.*, v° *Impubère*, nᵒˢ 3 et 4; 16 mars 1630, *Journal des audiences*, t. I, liv. 2, chap. 70: 31 juill. 1661, Soulatges, *Traité des crimes*, 1762, t. I, p. 12.

(6) Arrêts du Parl. de Paris, 8 juill. 1606, Despeisses, *Œuvres*, 1685, t. III, p. 121; Aix (en forme de règlement), 24 mars 1659 et 26 nov. 1667, Boniface, t. II, part. 3, liv. I, tit. 2, chap. 8, 1708, p. 285.

(7) Arrêt du Parl. de Paris, 19 août 1617, Bardet, t. I, p. 10.

sorte que, comme le dit un auteur (1), « un tel crime est impuni. » — Néanmoins, en cas de vol, l'usage s'était établi d'arrêter les enfants et de les enfermer dans les prisons; cette règle avait été introduite dans un but pratique : c'était pour permettre de connaître les complices majeurs (2). On comptait sur les révélations de l'enfant pendant sa captivité. — Il faut ajouter que les Parlements ne respectèrent pas toujours le principe accepté par toute la doctrine, et condamnèrent souvent à des peines plus ou moins sévères de jeunes enfants (3).

2° Assimilation de celui qui est voisin de l'enfance à l'*infans* (4).

3° Disparition de la distinction entre les crimes *in committendo* et *in omittendo*.

4° Obligation pour le juge, avant de punir un impubère proche de la puberté, de rechercher s'il est *doli capax* (5).

5° Possibilité pour le juge d'admettre des excuses au profit des impubères *doli capaces*, et de les punir de peines mitigées, laissées d'ailleurs à son arbitraire : amende honorable *in figu-*

---

(1) La Peyrière, *op. cit.*, v° *Criminel*, 1717, p. 75.

(2) Rousseaud de la Combe, *op. cit.*, p. 78.

(3) Carondas rapporte qu'un arrêt du Parlement de Paris du 19 février 1569 condamna deux jeunes enfants qui avaient blessé un de leurs camarades à être menés par le maître d'école à la maison du père du défunt pour assister aux obsèques de la victime, faites aux frais communs des parents, à assister au service funèbre un cierge à la main, puis à être conduits à l'église, où ils furent exhortés par un docteur. — En 1683, le même Parlement condamna à être pendu deux heures sous les bras, en place de Grève, un enfant de neuf ans qui avait « jeté de l'arsenic dans le pot d'une maison où il fréquentait. » — Voy. aussi arrêt du 2 juill. 1782 dans Prost de Royer, *Dictionnaire de jur. et des arrêts*, t. III, p. 471.

(4) Ferrière, *op. cit.*, v^is *Impubère* et *Délit*; Rousseaud de la Combe, *op. cit.*, pp. 18-9; Serres, *Institutes...*, 1778, p. 383. — La Peyrière, *op. cit.*, 1717, v° *Criminel*, p. 75, rapporte un arrêt du Parlement de Bordeaux du 8 octobre 1692 absolvant un enfant de dix ans sept mois; on pourra lire, dans le *Journal des audiences*, des arrêts acquittant un enfant de onze ans six mois, et un de treize ans, qui avaient tué d'un coup de couteau un de leurs camarades (t. I, liv. 2, chap. 70). — On décidait généralement qu'à partir de treize ans l'enfant n'était plus voisin de l'enfance. Arrêts du Parl. de Dijon, 16 mars 1613, Bouvot, t. II, v° *Accusateur*, quæst. 10, p. 5; d'Aix, Boniface, t. II, part. 3, liv. I, tit. 2, chap. 8.

(5) « La loy civile, » dit Le Brun de la Rochette (*Les procès civils et criminels..*, 1618, Proc. crim., liv. 2, p. 83), « non plus que la divine n'excuse les enfants qu'à l'occasion de leur innocence, et non ceux qui, sous un jeune menton, cachent une âme barbüe de malice. » Cpr. Dantoine, *op. cit.*, p. 340.

ris (1); fouet sous la custode (2); bannissement (3); prison temporaire (4) ou perpétuelle (5); roue (6); pendaison sous les aisselles, dans certains cas, avec une petite planche sous les pieds du patient pour le soutenir (7); galères (8); très exceptionnellement la mort (9); etc. (10). En fait, à raison du caractère arbitraire des peines, les peines étaient tantôt très rigoureuses, tantôt beaucoup trop faibles (11).

6° Responsabilité pénale entière à vingt-cinq ans.

7° Non-responsabilité civile des parents à raison des délits commis par leurs enfants (12). — La thèse de la responsabilité

---

(1) Jousse, *Traité de justice criminelle*, 1771, t. I, pp. 63-4. — Voyez un exemple curieux dans la *Revue pénitentiaire* (*Bulletin de la Société générale des prisons*), 1894, pp. 985-6.

(2) Ferrière, *op. cit.*, v° *Impubère*; Rousseaud de la Combe, *op. cit.*, p. 78; Jousse, *op. cit.*, t. I, p. 59.

(3) Arrêt du Parl. de Paris, 12 mai 1528, Papon, *op. cit.*, liv. 24, tit. 10, n° 4.

(4) Ferrière, *op. et loc. cit.*; Rousseaud de la Combe, *op. et loc. cit.*

(5) Ferrière, *op. et loc. cit.* — Arrêt du Parl. de Paris, 2 juill. 1782, Prost de Royer, *op. cit.*, t. III, p. 471.

(6) Desessarts, *Procès fameux...*, 1788, t. IX, pp. 66-71.

(7) Rousseaud de la Combe, *op. cit.*, p. 78; Jousse, *op. cit.*, t. I, p. 60; Brillon, *Dictionnaire des arrêts*, 1727, t. V, v° *Peine*, p. 136. — Cette peine, considérée « comme spectacle d'ignominie et non comme supplice, » entraînait en fait presque toujours la mort.

(8) Les enfants des « bohemes ou Egyptiens » étaient condamnés aux galères perpétuelles; ceux qui étaient hors d'état de servir étaient envoyés à l'hôpital pour y être élevés. Déclaration du 11 juillet 1672, rapportée dans le *Code pénal ou Recueil des principales ordonnances...* Dell Averdy chez Desaint et Saillant, 1752, pp. 121-123. — Les faux sauniers étaient assimilés aux bohémiens par l'ordonnance des gabelles de mai 1680, tit. 17, art. 3, 6 et 7, *op. cit.*, pp. 314-17.

(9) Molinier, *Répression du vol d'après les lois anciennes et la jurisprudence du Parlement de Toulouse* (*Revue de l'Académie de législation de Toulouse*, 1868, t. XVII, pp. 89-90).

(10) Une ordonnance de 1539 condamnait les enfants des « bohemes ou Egyptiens » à avoir la tête rasée. *Code du roi Henri III*, édit. Le Caron, p. 212.

(11) Despeisses, *op. cit.*, t. III, p. 223; Néel-Duval, *Le parfait procureur*, 1705, t. II, p. 185; Domat, *Les loix civiles*, 1757, t. II, p. 158; Ferrière, *op. cit.*, v° *Impubère*; Lange, *op. cit.*, p. 84; Rousseaud de la Combe, *op. cit.*, p. 77. — Un jeune homme de dix-sept ans, qui avait tué un de ses camarades, fut condamné par le Parlement de Paris, le 19 août 1617, à une peine pécuniaire (Bardet, *op. cit.*, tit. I, liv. I, chap. IX). Voyez, dans ce sens, un arrêt du même Parlement, du 5 mars 1661, Soefve, 1732, t. II, cent. 2, chap. 38, p. 124. Solutions jugées « douces » par Bardet, Soefve, *op. et loc. cit.*, et Prost de Royer, *op. cit.*, v° *Accident*, p. 717.

(12) Cf. en sens divers, Denisart, v° *Provision*, n° 17; Despeisses, t. III, p. 121; Ferrière, v° *Délit*; Bardet, pp. 10-11; Prost de Royer, v° *Accident*, pp. 715-18;

admise dans la coutume de Bretagne (1) le fut, à nouveau, par des déclarations et ordonnances royales en matière de faux saunage (2) et de pêche (3), par des décisions jurisprudentielles (4), notamment des arrêts du Parlement de Provence (5). — La responsabilité du tuteur paraît n'avoir jamais été admise par la pratique (6).

8° Le mineur de quatorze ans ne peut être torturé (7).

Les principes que nous venons de formuler subsistèrent sans modifications jusqu'à la fin de l'ancien régime. Jousse (8), Soulatges (9), Muyart de Vouglans (10), Prost de Royer (11), se bornent à reproduire, ou à peu près, le droit de Julius Clarus et de Matthæus. Les distinctions de la scolastique romaine, la règle *malitia supplet ætatem* (12) ont encore pleine force de loi en 1789 (13).

Serres, p. 383. — Arrêts du Parl. de Bretagne, 23 oct. 1612, Frain et Hévin, t. I, plaid. 31; de Paris, 9 juin 1625, Bardet, t. I, liv. 3, chap. 34, p. 249; 19 mars 1629 et 4 juill. 1633, id., t. II, liv. 2, chap. 48, p. 134; 8 août 1648, Soefve, t. I, cent. 2, chap. 90, p. 198; 24 juin 1651, id., t. I, cent. 3, chap. 58, pp. 285-6; de Rouen, 29 nov. 1652; de Dijon, 4 juill. 1668, Perrier et Raviot, t. I, quæst. 1, p. 138; de Toulouse, 9 août 1697, *Journal du palais de Toulouse*, t. II, arr. 21, p. 34; 5 avril 1701, Serres, *op. cit.*, p. 384.

(1) Voyez un arrêt curieux du Parlement de Bretagne, du 23 octobre 1612, dans Frain et Hévin, t. I, plaid. 31, qui ne tient pas compte de l'article 656 de la Coutume de Bretagne, et se contente de condamner le père du délinquant à une légère amende.

(2) Déclaration du 12 juin 1722, art. 4 et 5, *Code pénal*, pp. 121 et suiv.

(3) Ordonnance août 1681, liv. 5, tit. 3, art. 1er, n° 19.

(4) Arrêt du Parl. de Paris, 19 août 1617, Bardet, t. I, liv. 1, chap. 9 (légère amende : 18 livres parisis); 3 décembre 1611, Auzanet, *Arrêts*, édit. 1708, liv. I, chap. 43, p. 36 (tous frais et amendes); de Rouen, 27 nov. 1652, Basnage, *Sur l'art. 143 Cout. de Normandie*, 1778, t. I, p. 229 (frais du chirurgien).

(5) Les arrêts du Parlement d'Aix sont assez rigoureux pour le père : 7 mars 1615 (tous les frais), Debézieux, *Arrêts not. Parl. de Provence*, 1750, liv. 7, chap. 4, des bâtards, p. 556; 11 sept. 1673, *Journal du Palais*, t. I, p. 433.

(6) Voyez cependant Denisart, v° *Provision*, n° 17.

(7) Loiseleur, *Les crimes et les peines*, 1865, p. 219; *Encyclopédie méthodique du XVIIIe siècle*, part. Jurisprudence, v¹⁵ *Question* et *Torture*.

(8) *Traité de justice criminelle*, 1771, t. I, pp. 573-5.

(9) *Traité des crimes*, 1762, t. I, pp. 11 et suiv.

(10) *Les lois criminelles de la France*, 1780, pp. 26-7. — *Institutes au droit criminel*, 1768, p. 53.

(11) *Dictionnaire de jurisprudence*, 1781, v¹⁵ *Accusateur, Accusé, Age*, etc.

(12) Jousse, *op. cit.*, p. 574.

(13) Il faut noter que la déclaration du 12 juin 1721, complétant l'ordonnance

TROISIÈME PÉRIODE. — *De la Révolution à 1810.* — La Révolution rompit avec la tradition romaine. Le Code pénal des 25 septembre-1ᵉʳ octobre 1791 fonda de toutes pièces un système nouveau, réalisant ainsi, en un trait de temps, un progrès considérable.

Il posa d'abord le principe que l'imputabilité ne dépendrait plus de l'âge du délinquant, mais bien de son discernement, c'est-à-dire de son aptitude à apprécier la gravité sociale d'une infraction. On n'aura plus à rechercher, d'une façon générale, si, à raison de son âge, l'enfant est *doli capax*, mais bien si, dans une hypothèse déterminée, il a pu se rendre un compte exact du délit qu'il commettait (question spéciale de discernement).

En second lieu, la majorité pénale, autrefois fixée, au moins théoriquement, à vingt-cinq ans, est portée à seize ans. Le majeur de seize ans accomplis est assimilé, au point de vue de la culpabilité légale, à un homme fait; sa responsabilité est entière.

Enfin, et surtout, le Code de 1791 s'efforce d'amender le coupable et de faciliter son reclassement dans la société, sans toutefois énerver la répression. Les peines afflictives et infamantes, l'exposition aux regards du peuple ne lui seront point appliquées; il sera enfermé seulement dans des établissements spéciaux (maisons de correction) où on s'efforcera d'obtenir son amendement.

§ III.

Comme la loi romaine a eu une influence considérable non seulement en Italie (1) et en France, mais encore dans presque toutes les législations du centre et de l'ouest de l'Europe

des gabelles de 1680 qui punissait des galères ou du bannissement les faux sauniers majeurs, ne condamnait les mineurs de quatorze ans qu'à des amendes sanctionnées par la contrainte par corps : « Et afin que (cette) detention » dans les prisons, faute de paiement des amendes..., ne soit pas à la charge » de notre ferme et soit utile pour l'*instruction et correction* des dits enfants, » voulons qu'il soit etabli... *des maisons de correction...*, dans lesquelles (ils) » seront instruits aux différents travaux et ouvrages dont ils seront capables » (art. 5). Cette idée d'instruire et corriger les enfants pour les amender est si nouvelle que Jousse (t. III, p. 303), reproduisant textuellement ou à peu près la déclaration, omet comme superflu et inutile le mot *instruire.*

(1) N. Fiorentino, *Istituzioni criminali teoriche e pratiche,* 2ᵉ édit., 1792.

(Pays-Bas, Espagne, Allemagne) (1), il en résulte que l'on doit considérer les règles exposées au § II comme communes à toutes les législations du centre et de l'ouest de l'Europe ; c'est ce qui nous a autorisé à citer au même § II, concurremment et sans distinction, les solutions d'auteurs étrangers, comme Farinacius, Damhouder, Conciolus, Guazzini, Matthæus et Carpzovius.

La loi anglaise, moins imprégnée de droit romain, admettait la règle *malitia supplet ætatem* et n'hésitait pas à punir de mort des enfants de huit ans (2).

Quant aux législations d'origine scandinaves, elles ne contiennent aucune particularité intéressante (3). Il n'en est pas de même des anciennes coutumes kabyles, qui ont certains points communs avec la législation romaine (4).

---

(1) Sur le droit allemand de la fin du dix-septième et du dix-huitième siècle : Carpzovius, *Pract. rerum crimin.*, édit. de Boehmer. 1759, quæst. 143, p. 140 ; Koch, *Instit. juris crim.*, 1791, pp. 32-3 ; Püttman, *Elementa jur. crim.*, 1802, § 46, p. 29 ; Plitt, *Analecta jur. crim.*, 1786, appendice, p. 39 ; Muller, *Jus crim. ad fora Germaniæ*, 1786, p. 10.

(2) Blackstone rapporte que des enfants de neuf à dix ans furent condamnés à mort et exécutés. J. Stephen et E. Mühry, *Handbuch des englisch. Strafrechts*, 1843, t. I, pp. 7-8.

(3) Kolderup-Roseuvinge, *Grundriss...*, etc., p. 222, cité par J. Tissot, *Le droit pénal étudié dans ses principes*, 2ᵉ édit., 1879, t. I, p. 41 ; Beauchet, *Loi de Westrogothie*, 1894, p. 163 et note 1 ; pp. 166 et 335.

(4) Hanoteau et Letourneux, *La Kabylie et les coutumes kabyles*, 2ᵉ édit., 1893, *passim*.

www.ingramcontent.com/pod-product-compliance
Lightning Source LLC
LaVergne TN
LVHW010056060726
842524LV00006B/2223